AF141991

CÉLIMÈNE ET LE CARDINAL

Du même auteur :

La Fille à la trompette, Librairie Théâtrale, 1994

Les Fous de la Reine, Librairie Théâtrale, 1997

Le Galant sanguinaire, Librairie Théâtrale, 2004

Qu'importe le flacon, L'Œil du Prince, 2004

Le Nez d'Inès, Librairie Théâtrale, 2013

Le Temps des Tartuffes, Librairie Théâtrale, 2013

CÉLIMÈNE
ET LE CARDINAL

Jacques RAMPAL

Nouvelle édition

Éditions ART ET COMÉDIE
3, rue de Marivaux
75002 PARIS

Photographe : Franck Harsouet

CÉLIMÈNE : *quarante ans.*
ALCESTE : *quarante-sept ans.*

Décor : le salon de Célimène.
L'époque : 1686, vingt ans après Le Misanthrope.

Célimène sera en costume d'époque.
Quant au Cardinal, sa tenue n'a guère changé
depuis trois cents ans.

Création le 14 janvier 1992 au théâtre de la Porte-Saint-Martin,
avec Ludmila Mikaël dans le rôle de Célimène
et Gérard Desarthe, dans le rôle du Cardinal.
Mise en scène de Bernard Murat.

La photographie en couverture de la présente édition a été prise
lors des représentations :

au Théâtre Michel, en septembre 2014
avec Gaelle Billaut-Danno
et Pierre Azéma
Mise en scène de Pascal Faber

SCÈNE PREMIÈRE – CÉLIMÈNE.

(Au lever du rideau, Célimène, seule, est en train de prier.)

CÉLIMÈNE

Mon Dieu, puisqu'il revient, je m'en remets à Vous.
Faites que mes regrets, mes rêves les plus fous
Ne viennent pas troubler le surprenant retour
D'un homme qui m'aimait et que j'aimais d'amour.
Tous ceux qui l'ont revu l'ont trouvé bienheureux,
Sans haine et sans passions, comme venu des cieux.
Quand soudain, la nouvelle éclata, meurtrière :
Il avait décidé d'entrer au séminaire.
Nous fûmes tous saisis par ce coup de théâtre,
Et mon cœur, un instant, s'est arrêté de battre.
J'étais anéantie, comprenant en effet
Qu'une deuxième fois, mon amant me quittait.
(Un temps.)
J'ai beau prier le ciel de toute mon ardeur,
D'étranges sentiments envahissent mon cœur :
Je ne puis m'empêcher de demander pourquoi
Cet homme, après vingt ans, accourt auprès de moi.
(Dehors, bruits de carrosse. Elle se précipite à la fenêtre.)
Ciel ! J'entends des chevaux… Serait-ce lui, déjà ?

Grands dieux, quelle calèche admirable voilà !
Voilà plus de trois jours que j'attends cet instant,
Et je me sens soudain perdue comme une enfant…

(On frappe à la porte. Elle ouvre. Entrée d'Alceste.)

SCÈNE II – CÉLIMÈNE, ALCESTE.

CÉLIMÈNE

Monseigneur, quel honneur…

ALCESTE, *ôtant son chapeau.*

Eh ! Bonjour, Célimène.

CÉLIMÈNE, *s'agenouillant.*

Loué soit le Seigneur qui chez moi vous amène.

ALCESTE

Voyons, relevez-vous, ma chère, qu'est ceci ?
Ce n'est pas le prélat, mais l'ami que voici !
Un ami qui s'invite et demande pardon
De s'imposer à vous de grossière façon.

CÉLIMÈNE

Vous m'aviez prévenue, Monseigneur.

ALCESTE

Oui, peut-être,
Mais j'aurais pu quand même attendre qu'une lettre
Me donne votre accord, avant que de venir.

CÉLIMÈNE

Vous recevoir chez moi est un très grand plaisir
Et croyez, Monseigneur…

ALCESTE

Non, pas de « Monseigneur »,
Pas plus que de « Madame » entre nous.

CÉLIMÈNE

Votre Honneur…

ALCESTE

Mais non ! Je vous supplie de m'appeler Alceste.
J'étais simple, autrefois ; souffrez que je le reste.

CÉLIMÈNE

Eh bien, asseyez-vous… Alceste.

ALCESTE

À la bonne heure !
(Ils s'assoient.)
Vous habitez, je trouve, une jolie demeure.
(Un temps.)
J'ai su votre mariage, et je m'en réjouis.
Acceptez tous mes vœux.

CÉLIMÈNE, *amusée.*

Vos vœux ? Mille mercis,
Mais il y a vingt ans que je me suis mariée…
(Un temps. Stupeur d'Alceste.)
Eh oui, j'ai quarante ans depuis l'année passée.

ALCESTE

Il n'est jamais trop tard pour des vœux de bonheur,
Et les miens, croyez-le, viennent du fond du cœur,
Même vingt ans après.

CÉLIMÈNE

Je n'en veux point douter.
(Un temps.)

ALCESTE

Où donc est votre époux ?

CÉLIMÈNE

Parti se promener,
Avec mes quatre enfants.

ALCESTE

Vous avez quatre enfants !

CÉLIMÈNE

Trois garçons, une fille, et ils sont déjà grands :
L'aîné a dix-huit ans ; le dernier, presque douze.

ALCESTE

Juste Ciel ! Quatre enfants pour une seule épouse…
Mes compliments.

CÉLIMÈNE

Merci.

ALCESTE

Seront-ils de retour
Avant que je m'en aille ?

CÉLIMÈNE

Oui, ils font juste un tour
Et seront là, je pense, avant la nuit tombée.

ALCESTE

J'ai malheureusement une journée chargée
Et devrai partir tôt.

CÉLIMÈNE

Vous pourrez revenir.

ALCESTE

Chère amie, là, vraiment, vous me faites plaisir.
Moi qui avais si peur en arrivant chez vous…

CÉLIMÈNE

Peur de quoi ?

ALCESTE

Je ne sais. Des sentiments très flous
Se bousculaient en moi. Mais qu'importe, à présent !
Je me sens délivré.

CÉLIMÈNE

On ne peut cependant,
Même quand on le veut, enterrer le passé.
Ces sentiments confus qui vous ont tourmenté
En arrivant ici venaient de là, je pense.

ALCESTE

Non, le passé pour moi n'a aucune importance.
J'ai su m'en libérer.

CÉLIMÈNE

Et puis le principal
Ma foi, c'est d'être heureux, que l'on soit cardinal,
Ministre, musicien…

ALCESTE

Le bonheur, chère amie,
N'est plus, depuis longtemps, mon idéal de vie.

CÉLIMÈNE

Mais il faut être heureux pour servir le Bon Dieu.
Ceux qui semblent porter leur croix m'ennuient un peu.

ALCESTE

Mais il faut la porter, quand on la veut servir,
Comme fit Jésus-Christ avant que d'y mourir.

CÉLIMÈNE

Que je sache, il n'a pas passé sa vie en croix !
Peut-être était-il gai, même drôle, parfois,
Avec ses douze amis.

ALCESTE

                    Drôle, Notre Seigneur ?
Quelle idée saugrenue ! J'en frissonne d'horreur…

CÉLIMÈNE

Je ne vois pas pourquoi, car un homme amusant,
Il faut le remarquer, est souvent bienveillant.
(Un temps.)
Qu'avez-vous ? Vous semblez irrité, tout à coup…

ALCESTE

Irrité ?

CÉLIMÈNE

        Contrarié, pour le moins.

ALCESTE

                            Pas du tout.
(Un temps.)
Avez-vous, récemment, revu nos vieux amis ?

CÉLIMÈNE

Je vois souvent Philinte.

ALCESTE

Ah, je m'en réjouis.

Alors, comment va-t-il ?

CÉLIMÈNE

Bien.

ALCESTE

Et sa douce Éliante ?

CÉLIMÈNE

Je crois qu'elle va mieux.

ALCESTE

Elle était donc souffrante ?

CÉLIMÈNE

Elle est très courageuse et ne s'est jamais plainte,
Mais je sais bien, hélas, que notre ami Philinte
N'a pas toujours été un époux exemplaire.

ALCESTE

Je ne suis pas surpris, car à vouloir trop plaire,
À vouloir à tout prix aimer le monde entier,
L'homme trop conciliant ne sait plus apprécier
Ceux qui l'aiment vraiment.

CÉLIMÈNE

Pour ma part, il me semble
Qu'ils n'étaient simplement pas faits pour vivre ensemble.
Vous êtes sûrement de cet avis.

ALCESTE

Pourquoi ?

CÉLIMÈNE

Voyons, souvenez-vous, lorsque, lassé de moi,
Vous fîtes à Éliante une cour effrénée…

ALCESTE

Que me chantez-vous là ? C'est faux.

CÉLIMÈNE

Ah ! Désolée,
Elle m'a donc menti. Ma cousine, pourtant,
N'affabule jamais et médit rarement.

ALCESTE

Doutez-vous, par hasard, de ma parole ?

CÉLIMÈNE

Oh, non !
Mais je me désespère en voyant cette union,
Ce mariage raté dont elle eut six enfants.

ALCESTE

Ils ont fait six enfants ! Sont-ils donc inconscients ?
Six enfants, Dieu du ciel… et un père adultère !

CÉLIMÈNE

Piètre époux, il est vrai, mais un excellent père,
Je peux en témoigner.

ALCESTE

                    Bah ! Un mauvais époux
Ne peut être un bon père.

CÉLIMÈNE

                    Ah, bon ? Qu'en savez-vous ?

ALCESTE

Laissons là ce Philinte et parlons d'autre chose ;
L'« ami du genre humain », tout à coup, m'indispose.
(Un temps.)

CÉLIMÈNE

Et notre Arsinoé, qu'est-elle devenue ?
Il y a bien dix ans que je ne l'ai revue.

ALCESTE

Elle est passée me voir, voici deux mois à peine.

CÉLIMÈNE

Et comment l'avez-vous trouvée ?

ALCESTE

Plutôt vilaine…
Votre ancienne rivale est une vieille dame.

CÉLIMÈNE

Pas plus vieille que vous.

ALCESTE

Oui, mais… c'est une femme.

CÉLIMÈNE

Et alors ?

ALCESTE

Alors… rien. Mais vous, qui, dans le temps,
La narguiez méchamment du haut de vos vingt ans,
Voilà que, maintenant, vous prenez sa défense ?

CÉLIMÈNE

Je ne la défends pas, je mets dans la balance
L'homme d'un certain âge et la femme au même âge :
Cela penche toujours, ou presque, à l'avantage
Du monsieur. C'est curieux…

ALCESTE, *ironique.*

C'est même révoltant !
Il faut changer cela, sans tarder, c'est urgent !
(Un temps.)
Et ce bon vieil Oronte ?

CÉLIMÈNE

Il est toujours le même.
Il propose toujours de vous lire un poème
Qu'il a commis la veille et dont il est très fier.
J'ai subi le dernier pas plus tard qu'avant-hier.

ALCESTE

Et comment était-il ?

CÉLIMÈNE

Son poème ? Affligeant.

ALCESTE

Et que lui dîtes-vous ?

CÉLIMÈNE

Qu'il était excellent.

ALCESTE

Vous avez eu raison, car si vingt ans après,
Il ne sait toujours pas que ses vers sont mauvais,
Je crois bien, maintenant, qu'il est inguérissable !

CÉLIMÈNE

Vous voilà devenu tout à fait raisonnable.
S'il vous revoit un jour, il sera stupéfait.

ALCESTE

Mais je l'ai rencontré, récemment. En effet,
Mon humeur l'a surpris, car je fus très courtois

Et ne dis pas un mot des conflits d'autrefois…
Et nous allâmes boire un verre de bon vin
Pour oublier la guerre et nous serrer la main…

CÉLIMÈNE

À propos de bon vin, j'oublie complètement
De vous servir à boire…

ALCESTE, *moqueur.*

C'est très inconvenant !

Je m'en vais de ce pas.

CÉLIMÈNE, *amusée.*

Que puis-je vous offrir ?

ALCESTE

Tout ce que vous voudrez.

CÉLIMÈNE

Je pourrais vous servir…

Un verre de bon vin ?

ALCESTE, *amusé.*

Non, merci, sans façon.

CÉLIMÈNE

Alors… un cacao ?

ALCESTE

Là, je ne dis pas non.
Je ne résiste pas à un bon cacao.

CÉLIMÈNE

Je vais le préparer et reviens aussitôt.

ALCESTE

Le préparer vous-même ? Où donc est la servante ?

CÉLIMÈNE

Partie faire un enfant.

ALCESTE

Où est la remplaçante ?

CÉLIMÈNE, *montrant ses doigts.*

Voici les remplaçants : ils sont dix et vaillants,
Ne me coûtent pas cher et sont toujours présents.

(Exit Célimène.)

Scène III – Alceste.

Alceste

Aurait-elle changé ? Serait-elle soudain
Sans orgueil et sans fard ? Je n'en suis pas certain.
Apprenant ma visite, elle a dû congédier
Servantes et valets, pour mieux m'impressionner.
À moins que le mari, moins riche qu'on ne dit,
Ne puisse lui offrir tout ce qu'il lui promit.
Pourtant, l'endroit est beau et respire l'argent.
Peut-être hérita-t-il et vit-il chichement ?
Je ne m'étonne pas que notre Célimène
Figure maintenant, comme une porcelaine,
Dans ce riche salon, parmi les bibelots :
Elle est décorative et fait partie des lots !
(Un temps.)
Mais que m'arrive-t-il ? Ce discours est sordide !
Voilà, comme autrefois, que la haine me guide…
Pourquoi donc suis-je ici ? Pour sauver Célimène ?
Et la sauver de quoi ? Elle paraît sereine.
Allons, il est trop tard pour poser ces questions.
Tâchons de nous reprendre, et pour cela, prions.

Scène IV – Alceste, Célimène.

Célimène

Alceste… Vous dormiez ?

Alceste

Pas du tout, je priais.

Célimène

Voici le chocolat, je l'ai fait très épais.

Alceste

C'est ainsi qu'on le boit quand on l'aime vraiment.
Mais… vous n'en prenez pas ?

Célimène

J'en prends très rarement.
Cela me fait grossir. Mais buvez, à présent.
(Il boit.)
Comment le trouvez-vous ?

Alceste

Je le trouve excellent.
Vous avez eu raison de le faire vous-même.

Célimène

J'avoue, sans me vanter, que tout le monde l'aime.

ALCESTE

Parmi tous les péchés, c'est bien la gourmandise
Qui nous fait succomber, nous, les hommes d'Église.

CÉLIMÈNE

Vous, les grands de l'Église.

ALCESTE

Eh?

CÉLIMÈNE

Dans le bas clergé,
On succombe plutôt de n'avoir pas mangé.

ALCESTE

Que dites-vous?

CÉLIMÈNE

Moi? Rien.

ALCESTE

Si, si, continuez.

CÉLIMÈNE

Non, je pensais tout haut.

ALCESTE

Je vous en prie, parlez!

Célimène
Parlons plutôt de nous. Après vingt ans d'absence,
Il a dû se passer bien des choses, je pense.

Alceste

Croyez-vous ?

Célimène

Vous voilà cardinal.

Alceste

Cardinal.

Célimène

Comment vous sentez-vous, dans cet habit ?

Alceste

Pas mal !

Célimène

Vous qui fûtes, jadis, presque désespéré,
Quel bonheur de vous voir haut membre du clergé.

Alceste

Vous me parliez du bas clergé.

Célimène

Moi ?

ALCESTE

S'il vous plaît,
Poursuivez !

CÉLIMÈNE

Je disais ?

ALCESTE

Que l'on y succombait.

CÉLIMÈNE

Ah oui ! Je me rappelle avoir, tout près d'ici,
Trouvé sur mon chemin un prêtre évanoui,
Affamé. J'ai voulu l'emmener à l'hospice,
Mais il a refusé : « La faim est rédemptrice »,
M'a-t-il dit, n'acceptant pas même un peu d'argent.

ALCESTE

Cet homme était un sot.

CÉLIMÈNE

Voilà qui me surprend.

ALCESTE

Vous tenez, Célimène, un discours bien curieux.
Que me reprochez-vous ?

CÉLIMÈNE

Moi ? Rien du tout, grands dieux !
Je ne fais que…

ALCESTE

Allons, vous vous moquez, Madame.
Il n'est pas innocent d'évoquer un tel drame
Devant un riche clerc.

CÉLIMÈNE

Un drame ? Mais enfin…
D'après vous, cet abbé à moitié mort de faim
N'était qu'un sot…

ALCESTE

Un sot ! Un sot impardonnable,
Car refuser de l'aide est un acte coupable.
Un chrétien doit donner, c'est son premier devoir,
Mais il doit, quand il faut, aussi bien recevoir.
Notre Seigneur Jésus avec ses douze apôtres
Étaient des vagabonds qui dépendaient des autres.

CÉLIMÈNE

Mais quand tout un pays est touché par la faim,
Votre gentil chrétien, où trouve-t-il son pain ?

ALCESTE

Il fait partie du peuple et doit tout partager :
La faim comme le pain.

CÉLIMÈNE

S'il n'a rien à manger,
Il meurt, et sans curé, que devient son diocèse ?

ALCESTE

Célimène, il suffit! Je déteste qu'on biaise
Et suis las de subir votre mauvaise foi.

CÉLIMÈNE

Je ne vois pas ce que…

ALCESTE

Qu'attendez-vous de moi?

CÉLIMÈNE

J'attends une réponse aux questions que je pose.
Je ne suis qu'une femme et ne sais pas grand-chose;
Alors, naïvement, je m'étonne parfois
Que les grands de l'Église, à l'image des rois,
Laissent ainsi souffrir leurs bien-aimés sujets.

ALCESTE

Je vous en prie, Madame, assez de quolibets.
Après les religieux, c'est maintenant au roi
Que vous vous en prenez!

CÉLIMÈNE

Ah, non! Pardonnez-moi,
Mais je respecte autant les clercs que les monarques!

ALCESTE

Dans ce cas, évitez les méchantes remarques,
Les traits d'esprit douteux, presque blasphématoires,

Et allez raconter vos sinistres histoires
De curé mort de faim à d'autres qu'aux prélats !
Notre mission, Madame, est dans les pieux combats
Que nous menons partout afin que l'Évangile
Délivre du péché ce monde si fragile.
Quant à la hiérarchie, elle s'impose à nous.
N'en déplaise aux ratés, aux faibles, aux jaloux,
Le monde a toujours eu besoin de dirigeants,
Et toujours les petits ont eu besoin des grands.

CÉLIMÈNE

Oui, pour les protéger.

ALCESTE

            S'il faut les protéger,
C'est bien de l'hérésie, ce terrible danger
Issu de la Réforme et du protestantisme.

CÉLIMÈNE

Il n'est pire hérésie, pour moi, que l'égoïsme.
C'est sur la charité que la Bible se fonde.

ALCESTE

Ne suis-je charitable en renonçant au monde ?
Je passe mes journées à prier pour les autres.
Et vous, Madame, à quoi passez-vous donc les vôtres ?

CÉLIMÈNE

À m'occuper des miens.

ALCESTE

Voilà qui est normal.
Vous avez des enfants, moi, je suis cardinal.
Quant à ceux qui ont faim, je vous prie de le croire,
Ils iront droit au Ciel.

CÉLIMÈNE

Tout droit, sans purgatoire,
Car vous n'oubliez pas – du moins, j'en fais le vœu –
Que les premiers seront les derniers devant Dieu.

ALCESTE

Les premiers ne sont pas ceux auxquels vous pensez :
Ce sont les orgueilleux, riches ou va-nu-pieds.
Et chacun peut choisir, qu'il soit prince ou manant,
De suivre l'Évangile en vivant humblement.

CÉLIMÈNE

Me voilà rassurée, car je sais bien, Alceste,
Que vous fûtes toujours l'homme le plus modeste...
(Un temps.)

ALCESTE

Pas d'autres questions ?

CÉLIMÈNE

Si : que faites-vous chez moi ?

ALCESTE

Pardon ?

CÉLIMÈNE

Que faites-vous chez moi ?

ALCESTE

Mais… mais…

CÉLIMÈNE

Mais quoi ?

Me direz-vous enfin, après vingt ans d'absence,
Ce qui vous a poussé à rompre le silence ?

ALCESTE, *après hésitation.*

Eh bien, depuis trois mois, toutes les nuits, un rêve,
Un rêve terrifiant me répète sans trêve
Qu'un immense danger menace votre vie.
N'écoutant que mon cœur pour sauver une amie…

CÉLIMÈNE, *l'interrompant.*

Il a fallu vingt ans pour qu'un rêve, soudain,
Vienne vous éclairer sur mon sombre destin !
C'est tout à fait grotesque, et c'est une hérésie
Que de croire à un rêve !

ALCESTE

Peut-être fus-je impie,
Mais d'un autre côté, sachez-le, Célimène,
Ce qui n'est qu'illusion pour un catéchumène
Peut devenir, pour nous, un message divin.

CÉLIMÈNE

Pour vous, signe du Ciel, pour nous, rêve anodin…
Le Bon Dieu ferait-il deux poids et deux mesures ?
Il faudrait, Monseigneur, revoir les Écritures…

ALCESTE

Vos propos, maintenant, deviennent incongrus !

CÉLIMÈNE

Qu'avez-vous, mon ami ?

ALCESTE

J'ai que je n'en peux plus !
Depuis que je suis là, vous n'avez pas cessé
De me faire grief d'être un grand du Clergé.
Je ne vois pourtant pas ce qu'il y a de mal.
J'ai beaucoup travaillé pour être cardinal,
Et cet avènement n'est pas dû au hasard.

CÉLIMÈNE

Je le crois volontiers. Avoir eu aussi tard
– À plus de vingt-cinq ans – la vocation de prêtre
Et finir cardinal, voilà qui peut paraître,
Quand on vous connaît mal, un peu miraculeux,
Mais tout à fait normal quand on vous connaît mieux.
N'est-ce pas, Monseigneur ?

ALCESTE

Votre ironie gratuite
Ne pourra entacher mon immense mérite.

J'ai dû subir déjà les pires calomnies,
Les soupçons les plus bas, et d'autres infamies
Dont je n'aurais pas cru, entrant dans un saint lieu
Qu'on dût les essuyer. Mais en homme de Dieu,
Je suis resté stoïque, et même magnanime,
Face aux coups dont j'étais l'innocente victime.

CÉLIMÈNE

Cela est admirable, et qui vous le reproche?

ALCESTE

Une femme, ici même, et dont je fus si proche…

CÉLIMÈNE

Alceste, je crois bien que vous vous égarez.
Qu'ai-je dit de méchant?

ALCESTE

         Oh! En voilà assez!
J'avais tout oublié de votre hypocrisie,
De vos discours cinglants gainés de courtoisie,
Et voilà que soudain resurgit le passé!

CÉLIMÈNE

Vous êtes sous mon toit de votre propre gré.

ALCESTE

Et je pourrai partir quand bon me semblera,
Je sais.

CÉLIMÈNE

Allons, allons, je n'ai pas dit cela.
(Un temps.)
Un peu de cacao?

ALCESTE

Non, merci, il est froid.
(Un temps.)
Pour se laver les mains…

CÉLIMÈNE

Par ici, c'est tout droit,
Au fond du corridor, dernière porte à gauche.

(Exit Alceste.)

SCÈNE V – CÉLIMÈNE.

CÉLIMÈNE

Qu'est-ce qui lui a pris? Pourquoi cette débauche
De sermons courroucés, de discours offensés?
N'ai-je donc prononcé que des mots insensés?
(Un temps.)
Ses colères, j'avoue, me font toujours grand-peur.
Où donc est l'ange pur, rayonnant de bonheur,
Dont les gens me parlaient avec cette émotion

35

Qu'auraient eue les témoins d'une résurrection ?
Il est vrai qu'au début, il s'est montré charmant,
Au point que j'éprouvai ce sentiment troublant
Qui m'enivrait, jadis, quand l'« homme aux rubans verts »
Venait, dans mon boudoir, me dire à mots couverts
Qu'il m'aimait follement. Il faut donc éviter
Les sujets trop brûlants qui pourraient l'irriter…
Mais le voici qui vient.

SCÈNE VI – CÉLIMÈNE, ALCESTE.

ALCESTE

                    De qui est le portrait
Qu'on voit dans le couloir ?

CÉLIMÈNE

          C'est Le Nain qui l'a fait.

ALCESTE

Le Nain ? Lequel des trois ?

CÉLIMÈNE

          Le plus doué : Mathieu.

ALCESTE

Mathieu Le Nain a fait ce portrait ? Seigneur Dieu !

Il est beau, n'est-ce pas?

CÉLIMÈNE

ALCESTE

Il est éblouissant!

Je parle du modèle...

CÉLIMÈNE

Serait-ce votre époux?

ALCESTE

Ah... oui, il est... charmant.

CÉLIMÈNE

Lui-même et croyez-moi

Il est très ressemblant.

ALCESTE

Fort bel homme, ma foi.
Mais il paraît bien jeune. Est-ce un tableau ancien?

CÉLIMÈNE

Il a quelques années... mais l'homme est encor' bien!

ALCESTE

Je vous crois sur parole et suis vraiment ravi
Qu'une femme aussi belle ait un si beau mari.
La beauté a toujours attiré la beauté.

CÉLIMÈNE

La beauté sans l'esprit n'est que frivolité.

ALCESTE

Non content d'être beau, s'il est spirituel,
Votre époux, chère amie, est un cadeau du Ciel !

CÉLIMÈNE

Mais vous devez savoir que de votre côté,
Vous aussi avez su garder cette beauté
Qui, jadis, à la Cour…

ALCESTE

              Allons, n'insistez pas,
En me parlant ainsi, vous aggravez mon cas.
Mon physique, aujourd'hui, n'attire aucun regard,
Et tous vos compliments sont vains comme le fard
Dont la femme flétrie recouvre son visage
Pour tenter, sottement, de masquer son grand âge.

CÉLIMÈNE

Je ne me farde point, ou très peu, mon ami.

ALCESTE

Ce n'était pas de vous que je parlais ainsi !
Je viens de déclarer que vous n'aviez pas d'âge…

CÉLIMÈNE

Mais si, j'ai quarante ans : le début du naufrage.
Quarante ans, c'est le temps où l'on devient frileux,

Parvenu au sommet, au col vertigineux
Qu'on a eu tant de peine à franchir, et pourtant,
Qu'on descend à regret, car sur l'autre versant,
On aperçoit bientôt cette vallée de larmes
Où, avant de mourir, il faut rendre les armes
Et qu'on nomme Vieillesse.

ALCESTE

Ah, Madame, il suffit !
Vous évoquez la mort en oubliant l'esprit
Dont vous parliez tantôt et qui, lui, ne meurt pas,
Mais rejoint l'Éternel à l'heure du trépas.

CÉLIMÈNE

Non, je ne l'oublie pas. Heureusement, Seigneur,
Qu'il reste aux vieux l'esprit pour trouver du bonheur
Ailleurs que dans les joies du corps, mais jusqu'à quand ?
Car l'esprit, lui aussi, décline doucement.
On a dit que partir, c'était mourir un peu,
Et vieillir, c'est partir, mourir à petit feu.

ALCESTE

Vous me parlez encor' du temporel, Madame,
Non de l'éternité, et vous oubliez l'âme !

CÉLIMÈNE

Non, je ne l'oublie pas.

ALCESTE

Alors, expliquez-moi
Pourquoi la mort, chez vous, engendre un tel effroi.

CÉLIMÈNE

Je ne l'explique pas. Je crois au paradis…
Et j'ai peur de mourir.

ALCESTE

                    Mais il n'est pas permis,
Quand on est un chrétien, de redouter la mort.

CÉLIMÈNE

Pas permis, dites-vous ? Si, par un simple effort,
Je pouvais, tout à coup, ne plus en avoir peur,
J'aurais, dans cet effort, mis toute mon ardeur,
Et depuis bien longtemps !

ALCESTE

                    Le seul effort à faire
Pour vaincre cette peur…

CÉLIMÈNE

                    Je sais, c'est la prière,
Et je prie tous les jours.

ALCESTE

                    Dans ce cas, je vous jure
Que Dieu vous entendra.

CÉLIMÈNE

                    Je n'en suis pas si sûre,
Mais je prierai quand même, aidée de mon mari,

Qui, lui, Dieu soit loué, n'est jamais envahi
Par ce genre de peur.

ALCESTE

Est-il un bon chrétien ?

CÉLIMÈNE

Ce qu'il est, en tout cas, c'est un homme de bien.
Vous l'avez dit vous-même, il est tombé du Ciel,
Comme un cadeau divin, un don providentiel.
Et moi qui me souciais si peu de mon prochain,
Je me rends avec lui à l'hospice voisin
Deux ou trois fois par mois.

ALCESTE

Et qu'allez-vous y faire ?

CÉLIMÈNE

Aider un peu les gens, soulager leur misère.

ALCESTE

Soulager leur misère, ou bien votre conscience ?

CÉLIMÈNE

Que signifie cela ?

ALCESTE

Que je n'ai pas confiance
En ces grands roturiers soi-disant charitables.

CÉLIMÈNE

Parce qu'ils sont puissants, vous les jugez coupables…
La Noblesse, il est vrai, moins riche qu'autrefois,
Doit subir maintenant la loi des grands bourgeois.

ALCESTE

Vous devez regretter cette situation,
Vous, la fille d'un duc !

CÉLIMÈNE

Regretter ? Certes, non.
Le labeur, de nos jours, est mieux récompensé,
Voilà tout. Mon mari, pour être fortuné,
A dû se lever tôt, bien qu'il se couchât tard,
Et finir ses journées fourbu comme un bagnard
Pendant près de vingt ans.

ALCESTE

Je trouve assez normal
Que l'argent aille à ceux qui se donnent du mal,
Mais je me désespère en voyant la Noblesse
Mourir à petit feu.

CÉLIMÈNE

Elle meurt de paresse,
De bêtise et d'orgueil.

ALCESTE

Voilà qui est très dur !

CÉLIMÈNE

Il fallait autrefois du courage, un cœur pur,
En un mot, être noble avant d'être anobli.
Aujourd'hui, ces valeurs sont tombées dans l'oubli,
Et il suffit d'avoir un nom à particule
Pour se croire un seigneur ; n'est-ce pas ridicule ?

ALCESTE

Ainsi, vous reprochez à nos aristocrates
Leur noblesse de sang ! Quand tantôt vous parlâtes
De nous, grands de l'Église, avec autant de rage,
J'ai cru que ce n'était qu'un écart de langage,
Mais je dois constater, avec stupéfaction,
Que vous vous obstinez dans la contestation.
Que vous arrive-t-il ? Cherchez-vous les ennuis ?

CÉLIMÈNE

Vous êtes mon ami et savez qui je suis :
Rien qu'une pauvre femme, une petite femme…

ALCESTE

Le sexe importe peu, et vous avez une âme !

CÉLIMÈNE

Depuis si peu de temps… La Femme, hier encore,
En était dépourvue, et ce que je déplore,
C'est d'en être aujourd'hui, comme vous, gratifiée,
Mais de ne pouvoir point émettre une pensée.
J'ai une âme, il est vrai, mais d'esprit, toujours pas.
(Un temps.)

ALCESTE

Cet aveu si soudain me met dans l'embarras,
Car je ne sais vraiment si vous ironisez
Ou si, sincèrement, vous vous vilipendez…

CÉLIMÈNE

Je n'ironise pas, je me juge fort bien,
Et je dois constater que dans cet entretien,
J'ai une propension à dire des sottises,
Que les contradictions s'ajoutent aux méprises,
Car je prétends haïr l'argent et sa puissance
Alors que j'ai choisi de vivre dans l'aisance.

ALCESTE

Si je vous comprends bien, vous n'avez fait, en somme,
Qu'un mariage d'argent…

CÉLIMÈNE

              En épousant un homme
Que je savais cossu, j'ai fait, à ma façon,
Un mariage d'amour ainsi que de raison.
Mais j'aurais, je l'avoue, préféré un mari
Qui soit comte ou baron…

ALCESTE

            … mais qui soit riche aussi !
C'est donc la jalousie qui vous rend si méchante.

CÉLIMÈNE

Cela se pourrait bien. Soudain, je suis consciente
Que ces nobles messieurs, qui me contaient fleurette,
Me manquent aujourd'hui.

ALCESTE

Voilà qui est honnête.
Le péché qu'on avoue est presque pardonné.

CÉLIMÈNE

Il vaut mieux, cependant, éviter le péché.
Mes impulsions, jadis, ont causé tant de peines,
Offensé tant d'amis, suscité tant de haines…
Et vous vous souvenez, peut-être avec rancœur,
Du plaisir que j'avais à vous briser le cœur.

ALCESTE

Allons, laissons cela.

CÉLIMÈNE

Non, non, rappelez-vous
La joie que j'éprouvais à vous rendre jaloux.
Pourtant, je vous aimais et n'ai jamais compris
Que j'aie pu me moquer d'un homme aussi exquis.

ALCESTE

Madame, il ne faut pas…

CÉLIMÈNE

Je vous aimais, disais-je,
Mais, voulant trop ruser, suis tombée dans mon piège.

ALCESTE

Célimène, il suffit ! Je ne suis pas ici
Pour parler du passé !

CÉLIMÈNE

Soit, parlons d'aujourd'hui.

(Un temps.)

ALCESTE

Me direz-vous deux mots de vos enfants ?

CÉLIMÈNE

Bien sûr.
Ils sont ce qu'il existe au monde de plus pur
Et je les aime tant que des heures entières,
Je pourrais en parler.

ALCESTE

Je sais. Toutes les mères
Vouent un culte aux enfants qu'elles ont mis au monde,
Croyant naïvement que sous leur tête blonde,
Ils sont immaculés comme des chérubins.

CÉLIMÈNE

J'aime tous les enfants, pas seulement les miens.

ALCESTE

Quels que soient les enfants, sont-ils réellement
Aussi purs qu'on le dit ?

CÉLIMÈNE

Voyons, c'est évident.
Pourquoi cette question ? En doutez-vous ?

ALCESTE

Un peu.

CÉLIMÈNE

Et pourquoi, s'il vous plaît?

ALCESTE

Je les connais, parbleu.

CÉLIMÈNE

Vous n'avez pas d'enfants!

ALCESTE

Mais je connais les hommes!
Enfants, adultes, vieux, je sais bien qui nous sommes :
Des pécheurs devant Dieu.

CÉLIMÈNE

Des pécheurs dès l'enfance?

Dès la petite enfance?

ALCESTE

Pécheurs dès la naissance.

CÉLIMÈNE

Je n'ai jamais pu croire au péché d'origine,
Il me paraît contraire à la bonté divine.
C'est une damnation que ce péché!

ALCESTE

Mais non.
Il est la condition à notre rédemption
Et sachez qu'ici-bas, personne n'est damné.

CÉLIMÈNE

Alors, pouvez-vous dire à quoi sert ce péché
Qu'on dit originel ?

ALCESTE

Si l'homme naît coupable,
Ce péché, Dieu merci, n'est pas ineffaçable,
Et l'honnête chrétien se verra pardonné.

CÉLIMÈNE

Accorder le pardon à qui n'a pas péché,
Voilà qui est clément ! Le Seigneur est trop bon…

ALCESTE

Cette fois, c'en est trop ! Vous blasphémez !

CÉLIMÈNE

Pardon ?

ALCESTE

Vous blasphémez, Madame, et si vous persistez,
Morbleu, je sévirai !

CÉLIMÈNE

Mais… vous me menacez !

Non, je vous mets en garde et m'aperçois soudain
Que mon rêve était bien un message divin :
Vous êtes en danger et devez me parler.
Sur-le-champ, ici même, il faut tout m'avouer !

CÉLIMÈNE

Mais je suis honnête et…

ALCESTE

Non, je ne pense pas.
Je vous l'ai déjà dit : aucun homme, ici-bas,
N'est vraiment innocent. Une femme, encor moins.

CÉLIMÈNE

Ah ! Et pourquoi cela ?

ALCESTE

C'est ainsi. Néanmoins,
En vous confiant à moi, vous pouvez vous sauver.

CÉLIMÈNE

Mais me sauver de quoi ? Qu'ai-je à me reprocher ?

ALCESTE

Nous allons voir. Parlons encor' de vos enfants,
Et dites-moi d'abord s'ils sont de bons croyants.

CÉLIMÈNE

Qu'entendez-vous par là ?

ALCESTE

Comment prient-ils le Ciel ?

CÉLIMÈNE

Ils prient matin et soir.

ALCESTE

Ce n'est pas l'essentiel.

Comment prient-ils ?

CÉLIMÈNE

Ils prient… à genoux.

ALCESTE

J'entends bien !

Mais prient-ils Dieu avec ferveur ?

CÉLIMÈNE

Je n'en sais rien.

À leur âge, est-ce bien important ?

ALCESTE

Important ?

La prière est vitale, elle est le fondement
De notre religion ! Écoutez, Célimène,
Si la prière n'est qu'une morne rengaine
Qu'on ânonne en bâillant, ces mots privés de foi
Peuvent-ils toucher Dieu ?

CÉLIMÈNE

Non, cela va de soi,

Mais les jeunes enfants…

ALCESTE

Leur âge importe peu.

Ils doivent, tout petits, apprendre à prier Dieu.

CÉLIMÈNE

Comment leur apprendrais-je ?

ALCESTE

Comment priez-vous donc ?

CÉLIMÈNE

Moi ?

ALCESTE

Oui, vous.

CÉLIMÈNE

Eh bien, je… je prie à ma façon.

Je m'adresse au Seigneur comme à un vieux complice
Qui me connaît fort bien. Je parle sans malice
Et lui dis mes péchés ; il sourit gentiment,
Ne me gronde jamais, en tout cas, rarement,
Et sans pousser de cris.

ALCESTE

Et quand vous gronde-t-il ?

CÉLIMÈNE

Quand je ne dis pas tout. Mais il est très subtil
Et devine sans peine…

ALCESTE

Et que lui cachez-vous ?

CÉLIMÈNE

J'essaie de lui cacher mes rêves les plus doux,
Mes désirs les plus fous, que vous ne saurez pas,
Et qu'à lui seulement je raconte tout bas.

ALCESTE

Prétendez-vous, morbleu, vous confesser à Dieu
Directement ?

CÉLIMÈNE

Mais oui, directement, morbleu !

ALCESTE

Vous vous rendez encor' coupable d'hérésie !

CÉLIMÈNE

Mais c'est une obsession, c'est une maladie
Que de voir l'hérésie sous chacun de mes mots !

ALCESTE

C'est que vous raisonnez comme les huguenots !
Ces fanatiques-là prétendent, comme vous,
Se confesser à Dieu sans se mettre à genoux
Devant un confesseur.

CÉLIMÈNE

Et alors, est-ce un crime ?

ALCESTE

C'est une faute énorme, un péché gravissime !
Vouloir se confesser en se passant d'un prêtre
Est la pire hérésie qui se puisse commettre !
Qu'ont-ils, ces protestants à se conduire ainsi ?
La Saint-Barthélémy ne leur a pas suffi ?

CÉLIMÈNE

Vous osez, devant moi, justifier ce carnage !
Qu'êtes-vous devenu pour tenir ce langage ?

ALCESTE

Je ne justifie rien, et si parfois mes mots
Dépassent ma pensée, ce sont les parpaillots
Qu'il faut incriminer, car ces gens-là sont fous !

CÉLIMÈNE

N'est-ce pas vous, plutôt…

ALCESTE, *brandissant un crucifix.*

Madame, taisez-vous,
Et demandez pardon devant la Sainte Croix !

CÉLIMÈNE

Mais enfin…

ALCESTE

Taisez-vous, pour la dernière fois !
Mettez-vous à genoux.

CÉLIMÈNE

À genoux, maintenant ?

ALCESTE

À genoux, maintenant.

CÉLIMÈNE

Mais qu'est-ce qui vous prend ?

ALCESTE

Mettez-vous à genoux ! Répétez après moi :
« Pardonnez-moi, Seigneur, et rendez-moi la foi. »

CÉLIMÈNE, *à genoux.*

« Pardonnez-moi, Seigneur… » Je ne me sens pas bien.

ALCESTE

Qu'avez-vous ?

CÉLIMÈNE

Mal au cœur, tout à coup. Ce n'est rien,
Je vais prendre un peu l'air et j'irai beaucoup mieux.

(Elle sort.)

Scène VII – Alceste.

ALCESTE

Suis-je encore l'objet de ses jeux malicieux ?
S'est-elle trouvée mal ou joue-t-elle fort bien ?
L'art de feindre, en effet, permet au comédien
De pleurer quand il veut, de rire également,
D'être bon ou méchant, raisonnable ou dément,
Et même de mourir tous les soirs sur la scène…
Mais je n'ai pas le droit d'accabler Célimène.
J'ai lu dans son regard un si grand désarroi
Que j'ai eu, je l'avoue, un peu honte de moi.
Pauvre enfant, si fragile et si… Bonté divine !
Voilà que je succombe à cette gourgandine !
J'oublie que j'ai affaire à la pire infidèle,
Qu'il est de mon devoir de tout connaître d'elle.
(Il marche dans le salon et s'arrête devant la bibliothèque, qu'il inspecte.)
Je ne vois pas un seul ouvrage religieux.
Romans, philosophie, théâtre à qui mieux mieux…
Descartes, Rabelais… Molière, évidemment,
Mais pas la moindre bible, ici, apparemment.
Tiens… quel est ce cahier ? Serait-ce un manuscrit ?
Oserai-je l'ouvrir ? Dessus, rien n'est écrit…
(Il l'ouvre.)
Jésus, Marie, Joseph ! Là, je tombe des nues…
Quelle abomination… Ce sont des femmes nues !
Non, pas des femmes nues, mais une femme nue,
Que je connais très bien et que j'ai reconnue :
Célimène en personne, eh oui, c'est Célimène

Qui pose à chaque page, et de manière obscène !
Comment a-t-elle pu, mon Dieu, tomber si bas,
Et comme une catin, exhiber ses appas ?
Je ne me sens pas bien, il faut que je me soigne.
D'abord, fuir ce cahier, vite, que je l'éloigne,
Et boire un peu d'alcool.
(Il se sert un verre d'alcool, s'assoit, et après une longue hésitation, retourne feuilleter l'album de croquis.)
                    Mais tout à coup, j'y pense…
Qui a fait ces dessins ? Ils sont d'une indécence
Qui me glace le sang, mais ils sont fort bien faits ;
Un artiste est présent sous chacun de ces traits.
(Un temps. Un verre à la main, il feuillette toujours.)
Le monde est bien conçu, car tout dans ces rondeurs
Est fait pour attirer le mâle et ses ardeurs.
L'homme, finalement, n'est qu'un vil animal…

(Retour de Célimène, qu'Alceste n'a pas vue, et qui l'observe un instant contempler les croquis.)

Scène VIII – Alceste, Célimène.

Célimène
Eh bien, que lisez-vous, monsieur le Cardinal ?

Alceste, *après un violent sursaut.*
Rien, je feuilletais ce…

CÉLIMÈNE

En buvant de l'alcool ?

ALCESTE

Ces images impies sont un appel au viol !
J'ai cru me trouver mal, et pour me rétablir…

CÉLIMÈNE

Vous avez bu. Pourquoi ? Cela vous fait rougir ?
Ce sont des œuvres d'art que ces sanguines-là.

ALCESTE

Mais qui a posé nue ? C'est bien vous que voilà !

CÉLIMÈNE, *désignant la bouteille.*

En voulez-vous encore ?

ALCESTE

Non, merci.

CÉLIMÈNE

En effet,
C'est bien moi que voilà.

ALCESTE

Mon Dieu, qu'avez-vous fait !
Nue ! Et devant un homme…

CÉLIMÈNE

Mais l'homme était vêtu.

ALCESTE

Que dites-vous ?

CÉLIMÈNE

Je dis que cet homme aurait pu,
Comme moi, être nu, quand il m'a dessinée.

ALCESTE

Que dites-vous ?

CÉLIMÈNE

Je dis qu'une femme mariée
Peut être dessinée par son mari tout nu.

ALCESTE

Ah, c'est votre mari…

CÉLIMÈNE

Oui, c'est lui. Qui l'eût cru ?
Un simple commerçant, un marchand de tapis
A dessiné cela.

ALCESTE

J'avoue que ces croquis
Sont l'œuvre d'un artiste, indiscutablement,
Mais ils sont fort douteux !

CÉLIMÈNE

Douteux ? Quel compliment !
Cela signifie-t-il que je ne suis pas belle ?

ALCESTE

Allons, vous savez bien que d'une demoiselle
Vous avez su garder la jeunesse et le charme.

CÉLIMÈNE

Merci bien, mais alors, pourquoi tant de vacarme ?
Si Dieu m'a fait cadeau d'un physique attrayant,
Faudrait-il que je cache un si joli présent ?
À chacun ses appas, et nul ne vous critique
Lorsque vous exhibez sur la place publique
Votre admirable esprit dans vos prêches sublimes.
Moi, je ne puis montrer que mes charmes intimes,
Et encor' les montré-je à un mari bien sage,
Et à lui seulement. Voilà qui vous soulage ?
(Un temps.)

ALCESTE

Jurez-moi que personne, excepté votre époux,
N'a jamais regardé ces images de vous.

CÉLIMÈNE

Mon époux les a vues, vu qu'elles sont de lui…
Mais je dois avouer qu'en plus de mon mari,
Deux amis ont aussi contemplé ces dessins.

ALCESTE

Morbleu ! J'en étais sûr… Qui sont ces deux coquins ?

CÉLIMÈNE

Vous et moi.

ALCESTE

Amusant. Plutôt que de railler,
Vous devriez rougir d'ainsi vous dénuder !
Même devant cet homme, et même s'il est sage !
D'ailleurs, l'est-il vraiment ? Comment, devant l'image
D'une telle beauté, dénudée de surcroît,
Peut-on rester de bois ?

CÉLIMÈNE

Mais le désir s'accroît
Quand l'effet…

ALCESTE

S'il vous plaît !

CÉLIMÈNE

… et mon mari, si sage,
Il est vrai, tant qu'il peint, est toujours pris de rage
Quand il a terminé.

ALCESTE

De rage ? Qu'est-ce à dire ?

CÉLIMÈNE

Il est pris d'un désir tout proche du délire.
Attisée par l'attente, une passion soudaine
Le rend fou de mon corps et il me…

ALCESTE

Célimène !
Vous voilà devenue un être déplorable…
Êtes-vous, pauvre amie, encore secourable ?

CÉLIMÈNE

Mais je ne vous ai pas appelé au secours.
C'est vous qui défaillez en voyant mes contours.
Après avoir ouvert, sans mon consentement,
Ce recueil de dessins, voilà que maintenant
Vous jetez contre moi un méchant anathème !
Pourquoi cette fureur ?

ALCESTE

Parce que je vous aime.

CÉLIMÈNE

Alceste, vous m'aimez…

ALCESTE

Comme chaque être humain,
J'aime le monde entier.

CÉLIMÈNE

En êtes-vous certain ?

ALCESTE

Le « Misanthrope » est mort, Madame, c'est Alceste,
Bienfaiteur, protecteur des hommes, je l'atteste,
Qui est venu vous voir.

CÉLIMÈNE

Me voir… le mot est juste :
Vous avez vu mon âme, et maintenant mon buste,
Mes jambes et mes reins…

ALCESTE

… qui n'ont su m'émouvoir.
Cachez-moi ces dessins que je ne saurais voir.

CÉLIMÈNE.

Que vous ne sauriez voir, mais que vous avez vus !
Aucun homme, avant vous, n'avait vu mes seins nus,
Excepté mon mari.

ALCESTE

J'ai eu tort, il est vrai.
Veuillez donc m'excuser.

CÉLIMÈNE

Je vous pardonnerai
Si vous faites de même.

ALCESTE

Il n'en est pas question.
Je ne puis pardonner qu'après la confession.

CÉLIMÈNE, *sur ses gardes.*

Vous voulez maintenant que…

ALCESTE

Non, pas maintenant,
Je vais devoir partir, mais je voudrais, avant,
Que vous me promettiez, une fois par semaine,
D'aller vous confesser. Il le faut, Célimène.
(Un temps.)

CÉLIMÈNE

Soit, c'est promis.
(Un temps.)

ALCESTE

À qui vous confesserez-vous ?

CÉLIMÈNE

Au curé du quartier. Il connaît mon époux,
Ils se voient très souvent…

ALCESTE, *l'interrompant.*

Vous a-t-il confessée ?

CÉLIMÈNE

Une fois.

ALCESTE, *consterné.*

Une fois ! Quand donc ?

CÉLIMÈNE

L'année passée.

ALCESTE

Qu'avez-vous confessé ?

CÉLIMÈNE

Mes péchés.

ALCESTE

Quels péchés ?

CÉLIMÈNE

Les véniels, les mortels, je les ai tous cités.

ALCESTE

Et qu'a dit le curé ?

CÉLIMÈNE

Te absolvo.

ALCESTE

C'est tout ?

CÉLIMÈNE

N'est-ce pas suffisant ?

ALCESTE

Ah, non ! Pas à mon goût.

Et comme pénitence ?

CÉLIMÈNE

Un Ave, deux Pater.

ALCESTE, *consterné.*

Un Ave, deux Pater !

CÉLIMÈNE

Méritais-je l'enfer ?

ALCESTE

Si vous lui avez dit tout ce que, maintenant,
Je sais de vous, je crois qu'un autre châtiment
S'imposait.

CÉLIMÈNE

D'après vous, qu'aurais-je mérité ?

ALCESTE

Eh bien, pour commencer, huit jours de chasteté.

CÉLIMÈNE

Pourquoi pas huit années !

ALCESTE

Écoutez, Célimène,

C'est le Ciel qui m'envoie. Il faut saisir l'aubaine
Et me prendre aujourd'hui pour confesseur.

CÉLIMÈNE

Pardon?

ALCESTE

C'est à moi, désormais, qu'il faudra vous…

CÉLIMÈNE

Ah, non!

ALCESTE

Pourquoi?

CÉLIMÈNE

Mais… parce que.

ALCESTE

Réfléchissez, Madame,
Je vous connais si bien que pour sauver votre âme,
Nul ne peut mieux que moi…

CÉLIMÈNE

Il n'en est pas question.

ALCESTE

Comment, vous refusez?

CÉLIMÈNE

Avec obstination.

ALCESTE

Madame, prenez garde.

CÉLIMÈNE

Monsieur, point de menace.

ALCESTE

Là-haut, Dieu vous regarde.

CÉLIMÈNE

En bas, je lui rends grâce.

ALCESTE

Vous vous confesserez.

CÉLIMÈNE

Pas à vous.

ALCESTE

Si, à moi,

Et à moi seulement.

CÉLIMÈNE

Me direz-vous pourquoi ?

ALCESTE

Parce que c'est ainsi.

CÉLIMÈNE

La belle explication !

Mais alors…

ALCESTE

Taisez-vous !

CÉLIMÈNE

Je…

ALCESTE

Pas de discussion !

Refuser mon secours, c'est injurier le Ciel !

CÉLIMÈNE

Mais vous n'êtes pas Dieu, vous n'êtes qu'un mortel,
Un pécheur comme moi, tout prêcheur que vous êtes,
Et bien pire que moi, car tout ce que vous faites
Est pour me rabaisser ! Je suis parfois méchante,
Moi aussi, je l'avoue, mais jamais humiliante.
Vous prétendez aimer toute l'humanité,
Et moi, je vous le dis : vous n'avez pas changé.
Allons, regardez-vous, vous êtes bien le même,
Depuis vingt ans, Monsieur : cette rigueur extrême,
Cet orgueil insensé… Vous vous prenez peut-être
Pour un saint de l'Église et voulez le paraître,
Mais ce qu'on fut jadis, bien souvent on le reste,
Et c'est Torquemada qui sommeille en Alceste !

ALCESTE

Et pourquoi pas Judas ou un marchand du Temple !
Que savez-vous de moi ? Savez-vous, par exemple,
Pourquoi j'ai décidé d'entrer en religion ?
Ce ne fut, d'après vous, que par pure ambition ?
Si le goût du Pouvoir avait guidé mon choix,
Je serais aujourd'hui au poste de Louvois.

CÉLIMÈNE

Un prince de l'Église – et vous le savez bien –
A de très grands pouvoirs.

ALCESTE

                    S'il est un bon chrétien
Tant mieux s'il est puissant ! Et quand votre fureur
Vous fait me comparer à un inquisiteur,
Vous semblez oublier que saint François d'Assise,
Et tous les franciscains, qui firent de l'Église
Le temple de l'Amour, n'auraient pu exprimer
Leur message de paix si un brave guerrier
N'avait, en ce temps-là, pour défendre la Croix,
Combattu l'Infidèle et imposé nos lois.
Il faut craindre le Ciel, la Bible nous le dit,
Et si Dieu est Amour, par amour, il punit !

CÉLIMÈNE

Et quelle punition, par amour, Monseigneur,
M'infligerez-vous donc ? Le Grand Inquisiteur
Me juge-t-il impie, sorcière ou bien païenne ?
Peut-être bien les trois.

ALCESTE

Vous n'êtes, Célimène,
Qu'un être en perdition. Mais par la confession
Nous pourrons…

CÉLIMÈNE

Je vous ai posé une question.
Répondrez-vous enfin ?

ALCESTE

Je vous en prie, Madame,
Réfléchissez avant que n'éclate le drame.

CÉLIMÈNE

Éclatez, Monseigneur, et tout en éclatant,
Répondez : que risqué-je en désobéissant ?

ALCESTE

L'excommunication.

CÉLIMÈNE

Vous plaisantez, je pense.

ALCESTE

En ai-je l'air ?

CÉLIMÈNE

Mais c'est… c'est une extravagance !
L'excommunication ? Qui vous y autorise ?

ALCESTE

Le Pape, évidemment.

CÉLIMÈNE

Eh bien, quoi que l'on dise,
Le Pape s'est trompé.

ALCESTE

Il ne peut se tromper.

CÉLIMÈNE

Ah ? Depuis quand, cela ?

ALCESTE

Cessez de blasphémer !

CÉLIMÈNE

Je ne blasphème point.

ALCESTE

Si !

CÉLIMÈNE

Où est le blasphème ?

ALCESTE

Discuter, blasphémer, cela revient au même :
La critique n'est pas tolérée par l'Église.

CÉLIMÈNE

Bien sûr ! Il vaudrait mieux que je reste soumise
Et cède gentiment à votre odieux chantage.
L'excommunication présente l'avantage
De se débarrasser d'un sujet encombrant
Sans même l'écouter, comme un vilain enfant
Qu'on mettrait à la rue parce qu'il parle fort,
Et qu'avec ses parents il est en désaccord.

ALCESTE

Cette comparaison est tout à fait stupide.

CÉLIMÈNE

Croyez-vous ? Eh bien moi, je la trouve limpide.

ALCESTE

Il faut, pour éviter que règne le désordre,
Punir les enragés, les empêcher de mordre,
Ou c'est nous qui mourrons en ne les châtiant pas !
Même Notre Seigneur a dû chasser Judas.

CÉLIMÈNE

Il ne l'a pas chassé, c'est Judas qui a fui.

ALCESTE

Je connais l'Évangile.

CÉLIMÈNE

Je le connais aussi,
Et je sais que jamais, Notre Seigneur Jésus

N'admettrait, aujourd'hui, qu'il y ait tant d'exclus
Dans votre chrétienté. Alors, je vous en prie,
Ne vous prenez pas trop pour le nouveau Messie…

ALCESTE

Madame, je vous somme à présent de vous taire !

CÉLIMÈNE

Oh, j'ai bien l'intention de parler, au contraire !
Sachez que dès demain, j'irai me plaindre à Rome.

ALCESTE

De quoi vous plaindrez-vous ?

CÉLIMÈNE

                    Des sévices d'un homme,
Soi-disant cardinal, qui s'acharne sur moi
Par pure jalousie, en détournant la loi,
Et qui…

ALCESTE

        Allons, allons, le Vatican lui-même
M'a créé Cardinal.

CÉLIMÈNE

              Cette fonction suprême
Peut être, dès demain, suspendue par le Pape.
J'irai donc l'informer de l'abus qui me frappe !

ALCESTE

Peste de la catin !

CÉLIMÈNE

Peste du porc lubrique !
Peste du vieux cochon, jaloux et despotique !

ALCESTE

Morbleu ! Tu as osé... Anathème ! Anathème !

CÉLIMÈNE

Criez, vieux fou, criez, je peux faire de même :
Au secours ! Au secours ! Au viol, à l'assassin !
Faites donner la Garde et sonner le tocsin !
(Un temps.)
Sortez. Entendez-vous ? Quittez cette maison.

ALCESTE

Rassure-toi, démon, c'était mon intention.
Mais tu me reverras, plus tôt que tu ne crois.
Je vais t'apprendre, moi, à profaner la Croix.
Je vais t'excommunier, faire saisir tes biens,
Et arrêter l'auteur de ces jolis dessins.
(Il prend le cahier de croquis.)
Estimez-vous heureux, toi et ton triste époux,
De vivre de nos jours, car les gens comme vous,
Il n'y a pas longtemps, mouraient sur le bûcher.
Vous ne périrez pas, mais vous allez payer,
Et payer le prix fort, foi de Torquemada !
(Il marche vers la sortie.)

CÉLIMÈNE

Non ! Alceste, attendez, oublions tout cela !

ALCESTE

Trop tard.

CÉLIMÈNE

Non, attendez ! Juste un mot…

ALCESTE

Pas question !

CÉLIMÈNE

Monseigneur, à genoux, je demande pardon.

ALCESTE

Je connais la chanson : d'abord, vous blasphémez,
Puis vous vous repentez, morbleu, j'en ai assez !

CÉLIMÈNE

Alceste !

ALCESTE

Il n'y a plus d'Alceste, maintenant.

CÉLIMÈNE

Monseigneur, Majesté, demeurez un instant !
Alceste, ayez pitié, j'ai besoin de votre aide !

Vous l'avez dit tantôt : le Démon me possède.
J'irai me confesser chez vous tous les huit jours,
Tous les jours, s'il le faut, pour parler sans détour
De mes péchés, de mon mari… de mes amants.

ALCESTE

Pourquoi devrais-je croire à ces nouveaux serments ?
Vous avez peur, c'est tout.

CÉLIMÈNE

      Oui, Monseigneur, j'ai peur.
(Un temps.)

ALCESTE

Je serai donc pour vous l'unique confesseur ?

CÉLIMÈNE

L'unique, Monseigneur.

ALCESTE

     Pouvez-vous le jurer ?

CÉLIMÈNE

Oui, je le jure.

ALCESTE

    Alors, je vais vous confesser,
Pour voir…

CÉLIMÈNE

Me confesser… ici ?

ALCESTE

Mais oui, ici,
Pour voir dès maintenant si vous avez menti
Ou si vos intentions étaient enfin honnêtes.
Mettez-vous à genoux.

CÉLIMÈNE

À genoux ?

ALCESTE

Ah, vous l'êtes…
Avez-vous une bible, ou un simple missel ?

CÉLIMÈNE

Je les ai égarés.

ALCESTE

Égarés, Dieu du Ciel !
Je vais chercher ma bible ; en attendant, priez.

(Exit Alceste, emportant le cahier de croquis.)

Scène IX – Célimène.

CÉLIMÈNE

Merci, mon Dieu, merci, vous nous avez sauvés !
Car Alceste aurait pu divulguer ces croquis
Et me livrer ainsi à tous mes ennemis.
J'en connais, à la Cour, qui attendent toujours
De s'abattre sur moi comme un vol de vautours.
Donnez-moi, Seigneur Dieu, beaucoup d'inspiration :
J'en aurai grand besoin pour cette confession…
Le voici qui revient ! Allons, femme, à genoux
Devant ton Rédempteur et son divin courroux !
Quels sont les premiers mots qu'on doit dire au curé ?
Credo… confiteor… mon Dieu ! J'ai oublié…

(Retour d'Alceste, une bible en main.)

Scène X – Célimène, Alceste.

(Alceste s'assoit sur le fauteuil près de Célimène, agenouillée.)

ALCESTE

Embrassez ce saint livre et gardez-le.

CÉLIMÈNE
Merci.

ALCESTE

Vous devrez tous les jours, à partir d'aujourd'hui,
En lire dix versets. Eh bien, je vous écoute.

CÉLIMÈNE

Monseigneur, j'ai péché.

ALCESTE

Je m'en doute.

(Un temps.)
Mais encor', quels péchés…

CÉLIMÈNE

Des mortels, des véniels…

ALCESTE

Eh bien, commençons donc par les péchés mortels.

CÉLIMÈNE

Hier, j'ai tué un rat.

ALCESTE

Vous vous moquez !

CÉLIMÈNE

Non pas,
Je l'ai fait méchamment et je…

ALCESTE

Bon débarras !

Ce n'est pas un péché.

CÉLIMÈNE

Mais si, c'est un péché !
Quand je vous aurai dit comment je l'ai tué…
J'étais dans le cellier, cherchant je ne sais quoi,
Lorsqu'un énorme rat surgit, là, devant moi.
J'ai cru m'évanouir, puis j'ai pris une hache,
Et j'ai frappé, frappé, j'ai frappé sans relâche,
Sans pouvoir m'arrêter, en pleurant de dégoût,
Jusqu'à épuisement. Quelle horreur…

ALCESTE

Est-ce tout ?

CÉLIMÈNE

Ensuite, il a fallu nettoyer tout ce sang…

ALCESTE

Ah, non ! Je vous en prie…

CÉLIMÈNE

Une mare, un étang…
On eût dit qu'on venait de saigner un verrat !

ALCESTE

Il suffit !
(Un temps.)

CÉLIMÈNE

Je n'avais pourtant tué qu'un rat.

ALCESTE

Oh! Avez-vous fini? Poursuivez, par pitié!

CÉLIMÈNE

La semaine passée, j'ai giflé Jean-René,
Le cadet de mes fils, un si gentil garçon…

ALCESTE

Qu'avait-il fait?

CÉLIMÈNE

Lancé un très vilain juron.

ALCESTE

Un juron contre Dieu?

CÉLIMÈNE

Contre Dieu, en effet.
Il a dit…

ALCESTE

Taisez-vous! Ce n'est pas un soufflet
Qu'il aurait mérité, mais dix coups de bâton!

CÉLIMÈNE

Je ne frappe jamais mes enfants.

ALCESTE

Pourquoi donc ?

CÉLIMÈNE

Je ne peux pas.

ALCESTE

Eh bien, vous avez tort.

CÉLIMÈNE

Eh oui.
Mais on m'a tant fessée, autrefois, qu'aujourd'hui,
Je ne pourrais, aux miens, infliger ces bassesses.

ALCESTE

Si bassesse il y a, elle est dans vos faiblesses.
En flattant vos enfants, vous en ferez des mous,
Des bourgeois décadents, capricieux comme vous.

CÉLIMÈNE

Je ne crois pas.

ALCESTE

Au moins, sont-ils obéissants ?

CÉLIMÈNE

Quelquefois. Mais ils sont plus souvent insolents.

ALCESTE

C'est un grave défaut, Madame, l'insolence !

CÉLIMÈNE

Moins grave qu'on ne dit.

ALCESTE

Croyez-vous !

CÉLIMÈNE

Je le pense.
C'est l'enfant trop poli qui, plus tard, est méchant :
Vous en avez ici un exemple vivant.

ALCESTE

Trêve de discussion, vous êtes à confesse,
Et non dans un salon avec une duchesse.
Poursuivons, s'il vous plaît.

CÉLIMÈNE

Que voulez-vous savoir ?

ALCESTE, *stupéfait.*

Quels furent vos péchés !

CÉLIMÈNE

Je vais vous décevoir,
Mais à part cette gifle et ce rat…

ALCESTE

Quoi ! Rien d'autre ?

CÉLIMÈNE

Ah, si ! Mardi dernier, j'ai croisé les Lenôtre,
Des voisins paysans qui nous vendent de tout,
Du lait, des fruits, des œufs, un peu cher à mon goût,
Mais, croyez-moi, toujours de bonne qualité…

ALCESTE

Vous êtes à confesse, et non sur un marché !

CÉLIMÈNE

Quand ils m'ont saluée, comme ils font chaque jour,
Je n'ai pas répondu, faisant même un détour
Pour ne pas leur parler.

ALCESTE

Mon Dieu, quel gros péché !
Vraiment, vous vous moquez.

CÉLIMÈNE

Ah, la méchanceté
N'est donc pas un péché ? Alors, n'en doutons pas,
Nous sommes tous des saints.

ALCESTE

Vous aviez des tracas,
Ce jour-là, voilà tout.

CÉLIMÈNE

Des tracas, oui, peut-être,
Mais je n'aurais pas dû laisser cela paraître.

ALCESTE, *ironique.*

Mes félicitations, voilà qui vous honore.
Allons, d'autres péchés !

CÉLIMÈNE

Vous en voulez encore !
(Un temps.)
J'ai beau chercher, fouiller, je crois bien que c'est tout.
Ah, non ! L'autre matin, j'ai poussé Luc à bout.

ALCESTE

Qui est ce Lucaboux ?

CÉLIMÈNE

Mais non, pas « Lucaboux »…
Luc, c'est mon époux !

ALCESTE

Ah ! Où le poussâtes-vous ?

CÉLIMÈNE

Je vous l'ai dit : à bout. Lui, qui, en général,
Est d'un calme olympien, là, comme un animal
Il s'est mis à hurler.

ALCESTE

Pourquoi cette colère ?

CÉLIMÈNE

Je l'avais réveillé trop tôt.

ALCESTE

Et pour quoi faire ?

CÉLIMÈNE

J'avais besoin d'amour et de sentir son corps.
J'ai tant besoin d'amour, si vous saviez...

ALCESTE

Alors ?

CÉLIMÈNE

Alors, il fut saisi d'un courroux infernal,
Comme un ours que l'on sort du sommeil hibernal.
Pour la première fois, il m'a fait peur.

ALCESTE

Alors ?

CÉLIMÈNE

J'ai pleuré. Longuement. Enfin, pris de remords,
Mon ours m'a consolée.

ALCESTE

Consolée ?

CÉLIMÈNE

Consolée.

ALCESTE

Mais encore ?

CÉLIMÈNE

Mais encore… apaisée, soulagée,
Calmée, réconfortée… Consolée.

ALCESTE

Et ensuite ?

CÉLIMÈNE

La suite ne peut pas, devant vous, être dite.

ALCESTE

C'est à moi d'en juger, et je veux que soit dit
Ce qu'ensuite il fut fait.

CÉLIMÈNE

Que peut-on faire au lit ?

ALCESTE

Je ne sais.

CÉLIMÈNE

Voulez-vous un dessin?

ALCESTE

Merci bien!

J'ai ceux de votre époux.

CÉLIMÈNE

Qu'en ferez-vous?

ALCESTE

Mais… rien

Du moins pour le moment.

CÉLIMÈNE

Serait-ce du chantage?

ALCESTE

Disons plus décemment que je les garde en gage.

CÉLIMÈNE

En avez-vous le droit?

ALCESTE

Ne recommencez pas!

CÉLIMÈNE

Pardon. Où en étais-je?

ALCESTE

À l'ours et ses appas.
Abusez-vous souvent du plaisir de la chair ?

CÉLIMÈNE

Je vous trouve soudain très indiscret, mon cher.

ALCESTE

Appelez-moi « mon père » et répondez.

CÉLIMÈNE

Mon père,
Que répondre à cela ? Car si l'on considère
Qu'abuser de la chair consiste simplement
À en user parfois, j'abuse sûrement.
Pour moi, c'est un plaisir tout à fait naturel,
Et quand l'homme m'honore, il honore le Ciel,
Car c'est un don du Ciel, que ce plaisir.

ALCESTE

Madame,
Ce plaisir, sachez-le, est fait pour que la Femme
Ait des enfants, c'est tout.

CÉLIMÈNE

Alors qu'on peut s'aimer,
S'aimer passionnément, et sans aucun danger ?
Il y a cent façons de s'aimer, Monseigneur,
Et l'imagination est source de bonheur…
(Un temps.)

ALCESTE

Je ne vois pas du tout ce que vous voulez dire.

CÉLIMÈNE

Je vous expliquerai. Vous allez vous instruire,
Pendant ces confessions. Vous pouvez, croyez-moi,
En caresser l'espoir.

ALCESTE, *se levant.*

Je ne vois pas à quoi
Vous faites allusion. Adieu !

CÉLIMÈNE

Restez ici !
Je n'ai pas terminé, Monseigneur.

ALCESTE, *se rasseyant.*

Allons-y,
Mais alors, soyez brève, et surtout, évitez
Toute glose inutile autour de vos péchés.
Je vous écoute.

CÉLIMÈNE

Eh bien… il m'arrive une chose…
Une chose inouïe… dont je connais la cause…
(Elle lui caresse le bras ou le genou.)

ALCESTE

Que fait là votre main ?

CÉLIMÈNE

Je tâte votre habit,
L'étoffe en est moelleuse…

ALCESTE

Allons, cela suffit !

CÉLIMÈNE

Mais je ne voulais pas…

ALCESTE

Tenez-vous comme il faut !

CÉLIMÈNE

Du calme, Monseigneur, prenez-le de moins haut…
Ce geste était candide et n'avait rien de louche.
Je n'ai fait qu'effleurer…

ALCESTE

J'ai horreur qu'on me touche !

CÉLIMÈNE

Vous avez bien changé, car dans le temps…

ALCESTE

Pardon ?

Que disiez-vous ?

CÉLIMÈNE

Moi ? Rien.

(Un temps.)

ALCESTE

Faites bien attention !

(Un temps.)
Bon, alors, qu'aviez-vous encore à confesser ?

CÉLIMÈNE

C'est que… c'est difficile, et par où commencer ?

ALCESTE

Par le commencement.

CÉLIMÈNE

Par le commencement
C'est peut-être une idée… Mais oui, évidemment !
Car au commencement, était un grand amour
Entre deux jeunes gens qui fréquentaient la Cour.

ALCESTE, *se levant.*

En raillant un prélat, vous vous moquez de Dieu,
Et je ne puis entrer dans ce jeu-là.

CÉLIMÈNE

Quel jeu ?

ALCESTE

Je vous en prie, Madame, assez de perfidies !

CÉLIMÈNE

De grâce, Monseigneur, assez de comédies !

ALCESTE

Pour qui me prenez-vous ?

CÉLIMÈNE

Mais… pour mon confesseur.
L'idée n'est pas de moi, souvenez-vous.

ALCESTE

J'ai peur
Que vous ne confondiez le prêtre que je suis
Avec un médecin, car vos salmigondis
Ressemblent davantage aux propos d'une folle
Qu'à une confession.

CÉLIMÈNE

Si ma raison s'étiole,
Vous avez le devoir de m'aider plus encore.
Vous êtes cardinal, et cela vous honore,
Mais vous devez savoir que votre raison d'être,
Votre mission suprême, en qualité de prêtre,
C'est aussi, quand il faut, d'embrasser le lépreux,
Comme fit Jésus-Christ, qui aima tous les gueux.

ALCESTE

Ne comptez pas sur moi pour embrasser la gueuse !

CÉLIMÈNE

Ne voyez-vous donc pas que je suis malheureuse ?

ALCESTE

Allons ! Vous ne cessez d'évoquer un mari
Qui vous aime, et vous flatte, et vous comble à l'envi.

CÉLIMÈNE

Et pourtant, tout cela ne me satisfait pas.
De ce frêle bonheur, vous sonnâtes le glas,
D'abord en m'écrivant cette lettre troublante,
Par laquelle j'appris que j'étais bien vivante
Au fond de votre cœur, et puis...

ALCESTE

                              Vous divaguez !
Je vous ai fait porter quelques mots griffonnés
Annonçant ma venue imminente, c'est tout.

CÉLIMÈNE

Oui, mais ces quelques mots étaient de si bon goût...
À l'inverse d'Oronte, auteur de vers immondes,
Vous avez l'art inné des formules bien rondes
Et cette faculté d'exprimer simplement,
Mais avec poésie, le moindre sentiment...

ALCESTE

Vous rappelez-vous bien ce fameux billet doux ?
En ces termes choisis, je m'adressais à vous :
« Madame, je viendrai dimanche après-midi,

Pour un court entretien. À dimanche. Merci. »
Où est la poésie ?

CÉLIMÈNE
Dans la rime, pardi :
Vous avez fait rimer « merci » avec « midi »...
(Un temps.)

ALCESTE, *se levant.*
Bon, je dois m'en aller, nous avons assez ri.
Surtout, ne cherchez pas d'autres rimes en i.

CÉLIMÈNE
Non, mais je chercherai, et trouverai bien vite
Pourquoi vous m'avez fait cette étrange visite.

ALCESTE
Vous le savez déjà.

CÉLIMÈNE
À cause de ce songe ?
Vous savez comme moi que le songe est mensonge.
Non, moi, je crois plutôt que vous êtes ici
À cause du Démon... du Démon de midi.

ALCESTE
Vous devenez obscène !

CÉLIMÈNE
Allons, rien n'est obscène
Quand on parle sans fard de la nature humaine.

Vous avez, vous aussi, un cœur, et même un corps,
Qui, malgré les années, malgré nos désaccords,
Et malgré votre habit, se souviennent toujours
Qu'ils m'ont aimée, jadis.

ALCESTE

Madame, ces amours
Sont de l'histoire ancienne, et rien ne vous permet
D'affirmer qu'aujourd'hui, poussé par le regret,
Je suis venu chez vous pour attiser un feu
Éteint depuis vingt ans.

CÉLIMÈNE

Éteint ? J'en doute un peu.
(Un temps.)

ALCESTE

Eh bien, jouons le jeu : « Oui, c'est vrai, mon amour,
Je vous aime toujours ! »
(Un temps.)
Alors ?

CÉLIMÈNE

Chacun son tour.

ALCESTE

Plaît-il ?

CÉLIMÈNE

Chacun son tour : c'est à vous de souffrir.
Vous fûtes le bourreau, vous serez le martyr.

ALCESTE

Me traiter de bourreau, moi qui fus humilié,
Bafoué, piétiné !…

CÉLIMÈNE

Et puis, j'aurais pitié,
Après ce bref refus qu'imposent les usages,
J'accepterais, je crois, votre amour sans ambages.

ALCESTE

Ah ! je retrouve ici la veuve de naguère,
Qui s'habillait de noir mais ne songeait qu'à plaire…
Ainsi, vous seriez prête à tromper votre époux.

CÉLIMÈNE

Le mari que l'on trompe est un mari jaloux.
Le mien ne l'étant pas, je ne peux le tromper.

ALCESTE

Vos habiles discours ne sauraient m'ébranler.
Vous le tromperiez donc, et avec un prélat !

CÉLIMÈNE

Non, avec un amant. Qu'il soit prêtre ou soldat,
Roi de France ou mendiant, ou même apothicaire…

ALCESTE

Vous vous adonneriez au péché d'adultère !

CÉLIMÈNE

Adultère est un mot qui ne m'évoque rien.
Il doit venir d'adulte, et vous savez combien
Je suis restée enfant, malgré mes quarante ans.

ALCESTE

Vous avez de l'esprit, mais tous vos arguments
Ne sont que fourberies.
(Un temps.)
                              Et vous, m'aimez-vous ?

CÉLIMÈNE

                                             Oui,
Mais d'un amour qui doit rester inassouvi.

ALCESTE

Pourquoi donc ?

CÉLIMÈNE

              Aujourd'hui, ce que j'aime, en amour,
C'est le moment suprême où l'on me fait la cour.

ALCESTE

Vous n'avez donc jamais… enfin, jamais…

CÉLIMÈNE

                                        Eh, si !…
J'ai trompé, comme on dit, quelquefois mon mari.
Au début. Sottement.

ALCESTE

L'a-t-il su?

CÉLIMÈNE

Forcément,
Car il faut avouer que mon deuxième enfant
Ressemble énormément… à un ami.

ALCESTE

Auquel?

CÉLIMÈNE

À Philinte.

ALCESTE

À Philinte!

CÉLIMÈNE

Eh, oui!

ALCESTE

Oh, Dieu du Ciel!
(Un temps.)
Et que dit votre époux de cette ressemblance?

CÉLIMÈNE

Il dit qu'elle est frappante.

ALCESTE

C'est tout ce qu'il en pense?
Ce n'est pas Dieu possible!

CÉLIMÈNE

Qu'en dites-vous, Alceste?
Me serais-je moqué?

ALCESTE

Parfois, je vous déteste.
Mais vous devrez bientôt dire la vérité,
Car mentir devant Dieu est un grave péché
Qui conduit en Enfer.

CÉLIMÈNE

Je n'ai pas peur du Diable.

ALCESTE

Alors vous êtes folle, et c'est irrémédiable!
(Un temps. Il la contemple.)

CÉLIMÈNE

Votre regard, soudain, me fait froid dans le dos.
(Un temps.)
Vraiment, vous semblez prêt à me briser les os.
Si je suis si mauvaise, à qui faut-il s'en prendre?
Peut-être à vous, qui me forcez à me défendre.
Un animal traqué devient très dangereux,
Alors qu'il est souvent d'un naturel peureux.

ALCESTE

Vous êtes une femme, et non un quadrupède !
Pour nuire, un être humain n'a besoin d'aucune aide :
Le Mal est dans son cœur, le ver est dans la pomme,
Et quand on naît méchant, on reste un méchant homme.

CÉLIMÈNE

Il n'est point de remède au Mal, affirmez-vous ?
Alors, soyez heureux, n'ayez plus de courroux,
Car si demain, le Bien triomphait, Monseigneur,
À quoi servirait donc le grand prédicateur
Venu me secourir ? Pour un ange gardien
Il ne faut surtout pas que règne un jour le Bien !
Quel enfer, pauvre ami, qu'un Paradis terrestre !
Vous seriez comme un chef privé de son orchestre,
Un berger sans troupeau, un Croisé sans croisade…
Dans ce monde guéri, vous tomberiez malade.

ALCESTE

Vous avez de l'esprit, nous le savons, Madame…

CÉLIMÈNE

Mais l'esprit, selon vous, n'est que ruine de l'âme.

ALCESTE

Non, ce n'est pas l'esprit qui, en soi, est mauvais !
C'est l'esprit d'aujourd'hui, Madame, que je hais.
En cette fin de siècle où fleurit l'anathème,
Je vois déjà ce que sera le dix-huitième.
Sans doute en êtes-vous la figure de proue.

CÉLIMÈNE

Je ne sais que répondre, et puis je vous avoue
Que j'aime bien mon temps et mes contemporains.

ALCESTE

Vous dénoncez pourtant, en termes assassins,
Les nobles sans noblesse et les prélats sans cœur.

CÉLIMÈNE

Ce siècle est ce qu'il est : ni pire ni meilleur
Que les siècles passés.

ALCESTE

                                    Pour moi, il est bien pire.
Mais je suis fatigué d'ainsi vous contredire.
Je m'en vais.

CÉLIMÈNE

                        Un instant ! Quelle est ma pénitence ?

ALCESTE

Ah, oui ! Eh bien, disons… huit jours de continence.

CÉLIMÈNE

De quoi ?

ALCESTE

            De chasteté.

CÉLIMÈNE

De chasteté, vraiment ?
Ou de fidélité à mon ancien amant ?
(Un temps. Trouble d'Alceste.)

ALCESTE, *sans conviction.*

Ces huit jours vous feront, je crois, un bien immense.
Moi-même, j'ai vécu vingt ans dans l'abstinence
Et je n'en suis pas mort.

CÉLIMÈNE

En êtes-vous certain ?
(Un temps.)
Quand nous reverrons-nous ?

ALCESTE

Eh bien, mais… dès demain.

CÉLIMÈNE

Après-demain. Ici.

ALCESTE

Au revoir, Célimène.
Que dans le droit chemin le Seigneur vous ramène.

CÉLIMÈNE

Amen ! Et mes dessins ? Quand me les rendrez-vous ?
Que dirai-je, ce soir, en voyant mon époux ?

ALCESTE

Que je suis tolérant, et qu'il ne risque rien
Si, de votre côté, vous vous conduisez bien.

(Exit Alceste, si troublé qu'il en oublie son chapeau.)

SCÈNE XI – CÉLIMÈNE.

CÉLIMÈNE

Mon Dieu, qu'est devenu l'homme que j'aimais tant…
Est-ce à lui que je viens de parler à l'instant ?
Où es-tu, bel Alceste, où es-tu Misanthrope ?
Une riche soutane aujourd'hui t'enveloppe,
Comme un drap mortuaire, un habit de tristesse
Dans lequel tu essaies de cacher ta détresse.
(Elle découvre le chapeau d'Alceste.)
Tiens ? Il a oublié son chapeau, notre Alceste…
(L'imitant :)
« Morbleu ! J'ai oublié mon chapeau. Malepeste,
Il faut que j'y retourne, ou bien cette harpie,
Pour se venger de moi, va le mettre en charpie ! »
C'est un très beau chapeau, une jolie parure,
Qui, aux femmes aussi, donnerait fière allure.
(Elle le met sur la tête et se contemple dans un miroir.)
Je pourrais en lancer la mode dès demain.
(Elle a une idée : elle ouvre une armoire et en sort une nappe rouge, qu'elle met sur ses épaules, puis elle retourne se regarder dans la glace.)

104

Avec l'habit en plus, c'est loin d'être vilain.
(À présent, elle marche à la manière d'un mannequin.)
« Mesdames, découvrez l'ensemble Cardinal.
C'est signé Célimène et c'est original... »
(Dehors, bruit de calèche. Elle se rue à la fenêtre.)
Serait-ce lui ? Eh, oui ! Le voilà de nouveau...
Il est donc revenu pour son maudit chapeau !
Mais enfin, que croit-il, que craint-il, le prélat ?
Que j'en ferai un vase ou un dessous-de-plat ?
(Un temps.)
Si c'est cela qu'il cherche, eh bien, il cherchera.
(Elle cache le chapeau.)
Et moi, je prierai Dieu, pendant tout ce temps-là,
Avec tant de ferveur, que nul événement
Ne me fera sortir d'un tel recueillement.
(Elle prie.)
Mon Dieu, puisqu'il revient, je m'en remets à Vous,
Mais sachez qu'à présent, je veux, de son courroux,
(On frappe à la porte.)
Enfin me délivrer, pour lui dire sans peur
Et sans ménagement ce que j'ai sur le cœur.
(On frappe encore. Très fort.)
Seigneur, je Vous en prie, faites que je sois forte !
Aidez-moi à ne pas lui ouvrir cette porte.

Scène XII – Célimène, Alceste.

ALCESTE, *entrant.*

Pourquoi n'ouvrez-vous pas?

CÉLIMÈNE, *priant.*

Demain, je Vous l'assure,
Je serai moins fermée. Même si d'aventure,
Alceste était encor' plus odieux que tantôt,

ALCESTE

Que répondez-vous là?

CÉLIMÈNE

… j'aurais le dernier mot.

ALCESTE

Peut-être priez-vous? Eh bien, répondez-moi!

CÉLIMÈNE

… Je répondrai sans crainte et sans subir sa loi,

ALCESTE

Juste un mot…

CÉLIMÈNE

… sans un mot complaisant, c'est juré.

ALCESTE

Dites, j'ai oublié…

CÉLIMÈNE

Car j'avais oublié
Qu'il était aussi dur, oublié…

ALCESTE

… mon chapeau.

CÉLIMÈNE

… Comme un homme méchant peut cesser d'être beau.

ALCESTE

Pardon, mais mon chapeau…

CÉLIMÈNE

Lui, l'homme de justice,
Qui défendait les purs et dénonçait le vice,
Où est-il, ce héros,

ALCESTE

Où est-il ?

CÉLIMÈNE

… aujourd'hui ?

ALCESTE

Où donc est mon chapeau ?

CÉLIMÈNE

Je crois qu'il est parti,

ALCESTE

Mon chapeau ?

CÉLIMÈNE

… pour toujours,

ALCESTE

Où l'avez-vous caché ?

CÉLIMÈNE

… Loin de moi.

ALCESTE

Mais où donc ? Répondez, par pitié !
Où est-il donc passé ? Hein ? Qu'en avez-vous fait ?
L'ai-je oublié chez vous ? Répondez, s'il vous plaît,
Car s'il n'est pas ici, je m'en vais de ce pas.
M'avez-vous entendu ?
(Un temps.)

Vous ne répondez pas…

CÉLIMÈNE

Puisque Alceste, aujourd'hui, est un grand de l'Église,
Qui, aux feux de l'Enfer, me voit déjà promise,
Et qui, décidément, veut tout savoir sur moi,
Eh bien, je dirai tout, en toute bonne foi.
Alors, mon pauvre ami, au bout de quelque temps,

Habité, envahi par mes aveux troublants,
Vous ne dormirez plus, vous ne mangerez plus,
Et vous devrez souvent, exténué, confus,
Déconfit, confesser le plaisir solitaire :
Combien de fois, mon fils ? Toutes les nuits, mon père...
(Un temps.)
Mais nous pourrions aussi, tous deux, rendre les armes,
Et toute honte bue, enfin sécher nos larmes...
(Un temps.)
Ah oui, votre chapeau... Où l'ai-je donc rangé ?

ALCESTE

Rangé ou bien caché ?

CÉLIMÈNE, faisant mine de chercher.

        Rangé ou bien caché...
Caché ou bien rangé... où l'ai-je donc rangé ?...
Ah ! Le voici enfin... il était bien caché !

ALCESTE

Eh bien, rendez-le-moi, et reprenez ceci.
(Il lui tend le cahier de croquis. Elle hésite.)
Allons, qu'attendez-vous ?

CÉLIMÈNE

Dois-je dire merci ?

ALCESTE

Madame, surtout pas ! Si j'agis de la sorte,
C'est qu'il est temps, pour moi, de refermer la porte
Sur ce monde funeste.

CÉLIMÈNE

Si ce monde est funeste,
Il vous faut le changer… ou en changer, Alceste.

ALCESTE

Changer le monde, moi ? Allons, soyons sérieux !
Il vaudrait mieux, je crois, que j'ouvre enfin les yeux.
Car je devenais fou, sans même le savoir,
Dévoré, englouti par un trop grand pouvoir.

CÉLIMÈNE

Voilà que vous passez de l'extrême à l'extrême,
Et d'un orgueil extrême au mépris de vous-même…

ALCESTE

De l'extrême bonheur de vous aimer d'amour
À l'extrême douleur de vous quitter un jour,
J'ai connu, en effet, bien des extrémités.

CÉLIMÈNE

Savons-nous bien pourquoi nous nous sommes quittés ?
Et vous, en me fuyant, avez-vous trouvé Dieu ?

ALCESTE

Je l'ai cherché longtemps, à toute heure, en tout lieu,
Les yeux rivés au ciel, mais toujours un nuage
Venait me dessiner votre gracieux visage…
Et puis se déchirait.

CÉLIMÈNE

Vous m'aimiez à ce point…
Mon Dieu, si j'avais su…

ALCESTE

Allons, ne pleurez point.
Vous allez retrouver quatre enfants, un mari…
N'est-ce pas merveilleux ?

CÉLIMÈNE

Oh, si, bien sûr que si…
(Un temps.)
Et vous ?

ALCESTE

Je suis si las d'agir en pure perte
Que je voudrais m'enfuir sur une île déserte.

CÉLIMÈNE

Prenez donc ces dessins, sur votre île lointaine.
Ainsi, je resterai près de vous.

ALCESTE

Célimène…
Vous m'aimez donc toujours ?
(Un temps.)
Répondez : m'aimez-vous ?

CÉLIMÈNE

Bah… je ne vous hais point.
(Ils vont tomber dans les bras l'un de l'autre, mais au dernier moment, elle se dérobe.)
Mon Dieu, nous sommes fous !
Allez-vous-en très loin, courez les océans,
Mais si je vous manquais, n'attendez pas vingt ans.

(Il s'en va, emportant les dessins. Elle demeure, gardant le chapeau.)

RIDEAU

2e édition, dépôt légal : octobre 2016
N° d'édition : 201661
ISBN : 978-2-37393-222-5

9 782373 932225